AF331696

PROCÈS

DE LA PRESSE

RELATIF

A LA CAPTIVITÉ

DE

MADAME, DUCHESSE DE BERRY.

ACCUSATION DE COMPLICITÉ.

DÉFENSE ET ACQUITTEMENT

De l'Imprimeur

A. PIHAN DE LA FOREST.

Paris,

DE L'IMPRIMERIE D'A. PIHAN DE LA FOREST,

RUE DES NOYERS, Nº 37.

1833.

AVERTISSEMENT.

<hr>

La manière dont tous les journaux, excepté le *Courrier français*, ont annoncé le résultat de cette affaire, donnant à penser, comme on va le voir, qu'il y a eu hésitation pour l'acquittement, parce que le jury est resté deux grandes heures à délibérer, nous avons cru devoir, dans l'intérêt général, réunir ici les pièces de ce procès où il sera démontré que si un imprimeur dans notre position, avait pu être condamné, au lieu de ces vers gravés au-dessus de la porte de la Cour d'assises :

Hîc poenæ, scelerum ultrices, posuére tribunal :
Sontibus undè tremor, civibus indè salus *.

il faudrait y tracer cette sentence de mort pour le gouvernement représentatif :

PLUS DE LIBERTÉ DE LA PRESSE.

---

* La terreur qu'en ces lieux, le châtiment imprime,
Sauve les citoyens, en effrayant le crime.

(v)

EXTRAITS DES JOURNAUX.

Le Constitutionnel du 10 février.

La publication d'un pamphlet légitimiste intitulé : MADAME, *Nantes, Blaye, Paris* avait motivé la mise en prévention de M. de Cholet auteur, M. Hivert, libraire-éditeur, et M. Pihan de la Forest, imprimeur. Les deux premiers ont fait défaut. M. de la Forest seul a comparu et pour sa défense il a lu un discours dans lequel il a *soutenu*[1] ne pas avoir agi sciemment. Il a été renvoyé de la prévention. MM. de Cholet et Hivert, jugés par défaut comme coupables d'excitation à la haine et au mépris du Gouvernement et d'offense à la personne du roi, ont été condamnés chacun à une année d'emprisonnement et mille francs d'amende.

Le Courrier Français du 10 février.

M. Fortuné de Cholet, rédacteur du *Revenant*, est l'auteur, et M. Hivert est l'éditeur d'un ouvrage intitulé : MADAME, *Nantes, Blaye, Paris.* Cette œuvre, toute légitimiste, devait paraître par livraisons ; mais la première a été saisie comme contenant les délits d'excitation à la haine et au mépris du Gouvernement du roi, et d'offense envers la personne du roi. MM. de Cholet et Hivert ont fait défaut, et ont été

---

[1] L'imprimeur a fait plus ; il a *prouvé* qu'il n'avait pu ni dû lire le manuscrit.

condamnés chacun à un an de prison et mille fr.
d'amende. L'imprimeur, A. Pihan de la Forest, qui
avait été mis en cause, a seul comparu; il a présenté lui-
même sa défense avec beaucoup de logique et de clarté, et a été acquitté à l'unanimité.

La Gazette de France du 10 février.

M. Pihan de la Forest a comparu aujourd'hui devant la Cour d'assises, comme prévenu de plusieurs
délits de la presse, pour avoir imprimé un écrit intitulé : *Madame, Nantes, Blaye, Paris,* par Fortuné
Cholet, rédacteur au *Brid' Oison,* 1ʳᵉ livraison.

M. Bayeux, avocat-général, s'en est rapporté à la
prudence du jury, M. Pihan de la Forest a lu un mémoire imprimé. Le jury, au grand étonnement de
tout le monde, a délibéré pendant une heure et demie. Enfin, l'imprimeur a été acquitté.

Dans l'autre affaire, M. Cholet et M. Hivert, libraire-éditeur, ont fait défaut et ont été condamnés à
un an d'emprisonnement et à mille fr. d'amende,
comme coupables d'offenses envers le roi, etc.

Journal des Débats du 10 février.

La Cour d'assises s'est occupée aujourd'hui d'un
écrit dénoncé comme attentatoire aux droits consti-
tutionnels du roi des Français et offensant envers le
roi. Cet ouvrage est intitulé : *Madame, Nantes,
Blaye, Paris,* par Fortuné Cholet, rédacteur au
Brid'Oison.

M. Cholet, auteur de la brochure, M. Hivert, libraire, et M. Pihan de la Forest jeune, imprimeur, étaient cités devant le jury. L'imprimeur seul a comparu. M. Bayeux, avocat-général, s'en est rapporté, sur la culpabilité de l'imprimeur, à la prudence des jurés.

M. de la Forest a lu un discours pour sa défense.

Après une délibération qui a duré plus d'une heure et demie, l'imprimeur a été acquitté.

MM. Cholet et Hivert ont été ensuite condamnés par la Cour, sans intervention du jury, chacun à une année d'emprisonnement et mille fr. d'amende.

Messager des Chambres du 11 février.

Madame, Nantes et Blaye, tel est le titre d'une brochure légitimiste, à raison de laquelle MM. de Cholet, Hivert et Pihan de la Forest se trouvaient aujourd'hui cités devant la Cour d'assises, les deux premiers comme auteurs, le dernier comme imprimeur. M. Pihan de la Forest s'est présenté seul aux débats, et a présenté lui-même ses moyens de défense. Il a été acquitté.

Le Moniteur du 11 février.

MM. Fortuné Cholet, rédacteur au *Brid'oison*, Hivert, libraire-éditeur, et Pihan de la Forest, imprimeur, étaient cités devant la Cour d'assises, sous la triple prévention d'excitation à la haine et au mépris du gouvernement, d'offense à la personne du roi, et d'attaque aux droits qu'il tient du vœu de la nation.

Le motif de cette prévention est la publication d'un ouvrage intitulé *Madame, Nantes, Blaye, Paris.* M. Cholet et M. Hivert ont fait défaut. M. Pihan de la Forest seul s'est présenté. Il a lu pour sa défense un discours dans lequel il a *soutenu* que c'était sans le connaître et sans l'avoir lu qu'il avait imprimé l'ouvrage incriminé.

M. Bayeux, avocat-général, a soutenu la prévention.

Déclaré non coupable, M. Pihan de la Forest a été acquitté.

M. Cholet et M. Hivert ont été jugés sans la participation du jury, et condamnés par défaut chacun à une année d'emprisonnement et mille fr. d'amende.

Le National du 10 *février.*

M. Pihan de la Forest, imprimeur d'un écrit publié par livraisons, ayant pour titre : *Madame, Nantes, Blaye, Paris,* paraissait aujourd'hui devant la Cour d'assises. Il n'a été acquitté qu'après deux heures de délibération, quoique le ministère public s'en fût presque rapporté à la prudence du jury. La Cour, procédant ensuite par défaut contre MM. Cholet et Hivert, auteur et éditeur, les a condamnés chacun en un an de prison et mille fr. d'amende.

La Quotidienne du 10 *février.*

M. Pihan de la Forest a comparu aujourd'hui devant la Cour d'assises, comme prévenu de plusieurs délits de la presse , pour avoir imprimé un écrit intitulé : MADAME, *Nantes, Blaye, Paris*, par Fortuné Cholet , rédacteur au *Brid'oison* , 1re *livraison.*

M. Bayeux , avocat-général , s'en est rapporté à la prudence du jury, M. Pihan de la Forest a lu un mémoire imprimé. Le jury , au grand étonnement de tout le monde, a délibéré pendant une heure et demie. Enfin , l'imprimeur a été acquitté.

Dans l'autre affaire , M. Cholet et M. Hivert libraire-éditeur , ont fait défaut et ont été condamnés à un an d'emprisonnement et à mille fr. d'amende , comme coupables d'offenses envers la personne du roi Louis-Philippe.

MADAME.

NANTES. BLAYE. PARIS.

―――◦◦◦―――

COUR ROYALE DE PARIS.

CHAMBRE DES MISES EN ACCUSATION.

La Cour réunie dans la chambre du Conseil, M. Legorrec, substitut de M. le Procureur-général, est entré et a fait le rapport du procès instruit contre 1° Lazare-François Hivert, 2° Louis-François-Fortuné de Cholet , 3° et Ange-Augustin-Thomas Pihan de la Forest.

Le greffier a donné lecture des pièces du procès, qui ont été laissées sur le bureau.

Le substitut a déposé sur le bureau son réquisitoire écrit, signé de lui, daté du 21 dé-

cembre présent mois , et terminé par les con-
clusions suivantes :

« Requérons la confirmation de l'ordonnance
précitée et le renvoi des prévenus devant la Cour
d'assises de la Seine , pour y être jugés suivant
la loi. »

Le substitut s'est retiré ainsi que le greffier.

La Cour, après en avoir délibéré, considé-
rant que des pièces et de l'instruction il résulte
prévention suffisante premièrement, contre
Louis-François-Fortuné de Cholet et Lazare-
François Hivert d'avoir, dans le courant du
mois de novembre 1832 par un écrit imprimé,
vendu ou distribué intitulé : MADAME, *Nantes*,
Blaye, *Paris*, par M. Fortuné de Cholet, rédacteur au *Brid'oison*, première livraison,
1° excité à la haine et au mépris du gouvernement du roi; 2° commis des offenses envers
la personne du roi ; 3° attaqué les droits que
le roi tient du vœu de la nation française, exprimé dans la déclaration du sept août 1830 et de
la Charte Constitutionnelle, par lui acceptée et
jurée dans la séance du neuf août de la même
année ,

Deuxièment contre Ange-Augustin-Thomas Pihan de la Forest d'avoir, dans le courant dudit mois de novembre 1832, imprimé sciemment l'écrit ci-dessus désigné et de s'être ainsi rendu complice desdits délits en aidant ou assistant, avec connaissance, les auteurs de ces délits dans les faits qui les ont préparés ou facilités, délits prévus par les art. 1, 9 et 24 de la loi du 17 mai 1819, 26 de la loi du 26 mai de la même année, 4 de la loi du 25 mars 1822, 1er de la loi du 29 novembre 1830, 59 et 60 du code pénal, vu la loi du 8 octobre 1830, renvoie lesdits de Cholet, Hivert et Pihan de la Forest, devant la Cour d'assises pour y être jugés suivant la loi, maintient la saisie de l'ouvrage incriminé, ordonne que le présent arrêt sera exécuté à la diligence du Procureur-général.

Fait au palais de justice, à Paris, le 26 décembre 1832, en la Chambre du Conseil, où siégaient M. Gabaille, Conseiller, faisant fonctions de président, MM. Deglos, Chabaud, Lassis et de la Palme Conseillers, et de Montigny, Conseiller-auditeur ayant voix délibérative, tous composant la chambre des mises en accusation et qui ont signé le présent arrêt avec M. Commerson, Greffier.

COUR D'ASSISES DE LA SEINE.

Audience du 9 février 1833.

PRÉSIDENCE DE M. DUBOYS (D'ANGERS).

***

M. le Président à l'huissier, appelez les prévenus.— MM. de Cholet et Hivert ne répondent pas. L'avocat de M. de Cholet demande la remise, son client se trouvant indisposé et dans l'impossibilité de se présenter. L'avocat de M. Hivert demande également la remise à cause de l'absence de l'auteur. M. le président dit qu'il a bien reçu une lettre où la remise est demandée, mais qu'on ne correspond point ainsi avec la justice, qu'il fallait présenter une requête, etc. M. Bayeux, avocat-général, consulté, s'oppose à la remise et la Cour après une courte délibération, déclare qu'il va être passé outre aux débats. Ainsi tout le poids de l'accusation sera soutenu par l'imprimeur.

M. le Président à M. Pihan de la Forest, vos nom, et prénoms?

R.   Ange–Augustin–Thomas Pihan de la Forest.

D.   Quel âge avez-vous ?

R.   Quarante-et–un ans.

D.   Quelle est votre profession?

R.   imprimeur.

D.   Où demeurez–vous.

R.   à Paris, rue des noyers n° 37.

D.   Huissier, montrez au prévenu cet écrit.— à M. de la Forest, reconnaissez–vous avoir imprimé cet ouvrage?

R. Oui, Monsieur.

Après la lecture par le greffier de l'acte d'accusation, M. le président à M. Bayeux : M. L'avocat–général, vous avez la parole?

M. de la Forest, se levant : M. le président, est–ce qu'il n'est pas d'usage de faire des questions au prévénu avant d'entendre le ministère public?—*M. le Président*; vous vous défendrez après.—*M. de la Forest* : mais il est d'une grande importance pour moi que j'établisse comme certain et dès ce moment–ci, qu'il m'a été impossible de lire l'ouvrage avant de l'imprimer.

M. le Président : Eh bien! parlez.

M. de la Forest: Comment aurais-je pu lire cet écrit? à l'époque où j'ai fait ma déclaration à la Direction de la Librairie, l'auteur n'avait donné de son livre que le titre. La copie n'est venue à l'imprimerie que par morceaux. Le libraire passait son temps à courir après l'auteur, pour lui arracher quelques lignes, il les apportait à l'atelier et pressait la composition : l'écriture de M. de Cholet est presqu'indéchiffrable; la plupart du temps je n'étais pas à mon bureau quand M. Hivert y venait, je n'ai donc pas pu connaître l'ouvrage avant de l'imprimer. J'ai dit aussi que je n'ai pas dû le lire; en effet, M. Hivert est un libraire honorable contre lequel il n'y a jamais eu de poursuite; il a continuellement chez moi quelque ouvrage en train, devais-je être plus exigeant pour celui-ci que pour les autres?... Vous ne le penserez pas.

M. l'avocat général: Il est dit dans l'acte d'accusation que le libraire Hivert *avait parcouru le manuscrit, qu'il l'avait soumis à des personnes sages, et que ni lui, ni elles n'y avaient rien trouvé de répréhensible,* cela est en contradiction avec ce qu'avance le prévenu.

M. de la Forest : C'est une erreur de fait qui s'est glissée dans l'accusation, et dont l'avocat de M. Hivert démontrera la fausseté jusqu'à la dernière évidence; d'ailleurs il me suffit d'établir que moi, imprimeur, je n'ai pu lire le manuscrit. Je n'ai plus rien à ajouter pour le moment.

M. le Président à M. Bayeux : M. l'avocat-général, vous avez la parole.

M. Bayeux se levant, expose que les prévenus sont amenés devant la justice pour répondre à la triple accusation d'excitation à la haine et au mépris du Gouvernement du roi, d'offenses envers sa personne et d'attaque contre les droits que le roi tient du vœu de la nation française : pour établir ces délits, M. l'avocat-général se borne à lire les passages incriminés par l'acte d'accusation, et laisse à la sagesse du jury le soin d'apprécier ce que présente de coupable chacun des passages cités, et la part que l'imprimeur peut avoir prise dans les délits qu'ils renferment.

M. de la Forest se lève et s'exprime ainsi :

DÉFENSE DE L'IMPRIMEUR.

MM. de la Cour, MM. les Jurés,

Quelque désavantage qu'il y ait à prendre soi-même sa propre défense, je n'ai pas cru devoir recourir aux lumières et au talent d'un avocat, pour plaider une cause aussi simple que la mienne ; j'ai mieux aimé me livrer à votre amour de la justice, réclamant toutefois votre indulgence pour les observations que j'ai à vous soumettre, plutôt dans l'intérêt général que dans le mien particulier.

Une révolution s'est opérée au nom de la liberté de la presse menacée. Cette révolution n'a pas encore trois ans d'existence , et bientôt tous les imprimeurs de la capitale , arrachés, l'un après l'autre, à leurs travaux , auront été amenés dans cette enceinte , comme prévenus de s'être rendus complices d'excitation à la haine et au mépris du gouvernement du roi, d'offense envers sa personne et d'attaque contre les droits qu'il tient du vœu de la nation française , exprimé dans la déclaration du 7 août 1830, le tout parce qu'ils ont imprimé un écrit dans lequel ces délits peuvent avoir été commis.

C'est sur cette opiniâtreté du ministère public à mettre, contre le texte précis de la loi, les imprimeurs en cause , que je viens, Messieurs les Jurés, appeler toute votre sollicitude ; car, ne vous le dissimulez pas , c'en serait bientôt fait de la plus précieuse de nos libertés , et la prédiction : « tôt ou tard le gouvernement de juillet sorti des entrailles de la liberté de la presse , égorgera sa mère , » s'accomplirait, si les imprimeurs qui ont rempli les formalités voulues par la loi, et qui présentent l'auteur et l'éditeur de l'écrit incriminé, pouvaient être, je ne dis pas, condamnés, mais inquiétés comme ils le sont depuis la dernière révolution; assez de responsabilité pèse déjà sur eux, sans qu'on vienne encore leur en imposer une que non-seulement ils ne peuvent accepter, mais qu'ils doivent repousser de toutes leurs forces

L'art. 24 de la loi du 17 mai 1819, en vertu de laquelle je suis poursuivi, dit formellement : « Les imprimeurs d'écrits dont « les auteurs seraient mis en jugement, et « qui auraient rempli les obligations pres- « crites par le titre 1er de la loi du 21 octobre « 1814, ne pourront être recherchés pour le « simple *fait d'impression* de ces écrits. »

J'ai rempli ces formalités : aux termes de la loi, je ne pouvais donc être recherché; mais l'article ajoute : « A moins qu'ils n'aient « *agi sciemment*, ainsi qu'il est dit à l'ar- « ticle 60 du Code pénal, qui définit la « complicité. »

Or, le ministère public soutient que j'ai

agi sciemment, c'est-à-dire, aux termes de l'article 60 du Code pénal, que j'ai, « *avec* « *connaissance*, aidé ou assisté l'auteur dans « les faits qui ont préparé, facilité ou con- « sommé l'action. »

Pour m'appliquer, Messieurs les Jurés, un tel article , ne faudrait-il pas torturer le Code comme il ne l'a jamais été jusqu'à ce jour? Comment aurais-je pu aider ou assister, *avec connaissance*, un auteur que je n'avais jamais vu, et que j'ai aperçu, pour la première fois, sortant du cabinet de M. le juge d'instruction? Je l'ai bien aidé, il est vrai, dans un fait, dans le *fait de l'impression;* mais c'est précisément le fait pour lequel la loi défend de me rechercher. Toute autre partie de l'accusation m'est étrangère.

Aurais-je aidé l'auteur à faire son livre : on ne le prétendra pas ; on se bornera à me dire : Vous avez su que l'ouvrage était coupable.

Vous allez juger, Messieurs les Jurés, si j'ai

pu savoir, non pas si l'ouvrage était coupable, mais même ce qu'il contenait.

C'était le neuf novembre : la nouvelle de l'arrestation de Madame la duchesse de Berry venait d'être confirmée par l'ordonnance qui disait qu'un projet de loi serait présenté aux Chambres pour statuer relativement à MADAME : vous pouvez vous rappeler avec quelle avidité on attendait, on recherchait tout ce qui paraissait et ce qui devait paraître sur les évènemens de Nantes !. . Je trouvai donc naturel que M. Hivert, l'un de nos plus actifs libraires, avec qui je suis en relation depuis que j'ai une imprimerie, vînt me proposer d'imprimer l'ouvrage intitulé : MADAME, *Nantes*, *Blaye*, *Paris*. Cet écrit devait paraître par livraisons.

Quand je fis ma déclaration, le 15 novembre, à la Direction de la Librairie, je n'avais pas un feuillet de copie ; l'auteur n'avait pas encore jeté une idée sur le papier, et le manuscrit n'est jamais arrivé à l'atelier que par pièces et morceaux ; au point même que mes compositeurs commençaient à perdre patience : c'est un fait qu'il me serait, si vous le croyez utile à ma défense, très facile à prouver. J'étais donc dans l'impossibilité de connaître ce que contenait l'ouvrage de M. de Cholet : mais je l'aurais connu, Messieurs, que pour cela je n'aurais pas su si cet ouvrage était coupable. Car maintenant que j'ai lu les passages pour lesquels on nous cite devant vous, je ne le sais pas encore ; je le saurai quand, apportant à la justice le tribut de toute votre instruction, de toutes vos lumières, de toute votre sagacité, vous aurez absous ou condamné l'écrit de M. de Cholet ; jusque-là on me permettra de croire qu'il n'a pas le sens et les intentions coupables que lui prête l'accusation.

M'aurait-il été permis, m'érigeant moi-même en jury, de refuser d'imprimer l'ouvrage de M. de Cholet, admettant que j'aie pu en connaître le contenu ? Mais dans ce cas, pourquoi la censure aurait-elle été abolie ? aurait-ce été pour que les gens de lettres, les auteurs, poètes, publicistes, historiens, philosophes vinssent se soumettre aux profondes lumières, à la haute sagacité, au bon plaisir même de messieurs les imprimeurs ? « En vé-rité (vous dirai-je avec l'un de mes frères ap-pelé naguères comme moi devant les juges du pays qui l'ont renvoyé absous) malgré l'excellente opinion que j'ai de mes confrères et de moi, je défierais d'inventer un genre de censure plus intolérable. »

Que misérable serait la condition des im-primeurs s'ils devaient encourir la moindre responsabilité, même morale, des écrits qui sortent de leurs presses ! Quoi ! je serais par-tisan du divorce parce que j'aurais imprimé une pétition pour le rétablissement du di-vorce ! Je serais l'ami ou l'ennemi du minis-tère, selon que j'aurais fourni le service de mes presses à un écrivain ministériel ou à un écrivain de l'opposition ! Je serais tour-à-tour Bonapartiste, Républicain, Légitimiste !... Non, Messieurs ! S'il en était ainsi, l'homme le plus dégradé répugnerait au métier d'im-primeur.

Ou la presse n'est pas libre, ou un imprimeur, hormis les plus rares exceptions, doit
être, pour les écrits que lui présente un ci-
toyen honorable, et à plus forte raison ,
quand, au lieu d'un, il en a deux qui s'offrent
pour sa garantie, aveugle comme ses presses,
comme le passif métal destiné à donner in-
différemment un corps à toutes les pensées
humaines. Aussi, Messieurs, la prétention
de rendre l'imprimeur d'un livre complice
du délit, a été presque toujours repoussée par
le jury, et comme contraire à la loi, et
comme contraire au sens commun. Il est
de toute évidence que la complicité qu'on
veut atteindre n'existe pas et ne peut exister ; car il est matériellement impossible
que l'imprimeur lise et censure les ouvrages
qui s'impriment chez lui. L'on croit géné-
ralement que lorsqu'un auteur donne un ouvrage à imprimer, il remet à l'imprimeur
tout son manuscrit; c'est la chose la plus
rare du monde. La plupart du temps son
manuscrit n'est pas terminé ; et quand il l'est,
ce n'est point une raison pour qu'il le livre
en entier : souvent même il envoie chercher

la partie qui est dans les mains des compositeurs. Il retranche ; il ajoute. Et l'on voudrait qu'un chef de maison qui a ses ouvriers
à surveiller, ses achats à faire, ses rentrées à
opérer, ses auteurs et ses libraires à voir , de
nouveaux cliens à chercher , d'anciens à re-
tenir ; l'on voudrait , dis-je , que ce chef de
maison trouvât encore du temps pour lire ,
relire, méditer, étudier, commenter et corriger quatre , cinq , six manuscrits de divers
auteurs, et qu'il réunît, pour condition première, toutes les connaissances, tout le savoir,
toutes les qualités, enfin cette espèce de per-
fection que Cicéron demandait pour son
Orateur !... J'en appelle à votre raison , à
votre justice, Messieurs les Jurés , n'est-ce
pas exiger l'impossible ?.... Eh bien ! par impossible, cet homme prodigieux vînt-il au
monde tout exprès pour faire un imprimeur
comme le veut le ministère public, qu'il ne serait pas encore juste de le rendre responsable :
car quand il aurait bien lu, relu, médité ,
étudié, commenté, corrigé le manuscrit ;
comme l'auteur revoit son écrit en épreuves,
et qu'il peut, tant qu'il veut, pourvu qu'il

les paie, faire des corrections, des changemens, des suppressions, des additions, il faudrait que notre phénix se remît, sur de nouveaux frais, à relire, commenter, corriger.... Vous voyez, Messieurs, que c'est à n'en plus finir : autant vaudrait être condamné à remplir le tonneau des Danaïdes.

Il est encore, dans l'intérêt de l'imprimeur, une distinction très importante à établir entre sa position, celle de l'auteur et celle du libraire ; un livre peut être pour un auteur une source de gloire, d'honneurs, de fortune ; pour un libraire une spéculation très lucrative, une cause de vogue ; pour un imprimeur, Messieurs, s'il n'est qu'imprimeur, comme dans cette affaire-ci, ce n'est que du travail qui ne produit que du pain, et du pain, rien de plus pour lui et ses ouvriers.

De tout cela il faut conclure que l'imprimeur, comme on l'a dit bien des fois, ne peut pas être complice plus que le dernier ouvrier de son atelier. L'ensemble d'une imprimerie ne doit être considéré que comme une machine pour la confection d'un livre. Si vous lui supposez l'intelligence de ce qu'on imprime, si vous lui en imposez la responsabilité, vous mettez par cela même la presse dans la dépendance de l'autorité qui tient les imprimeurs dans sa main. Dès-lors, Messieurs, comme j'ai eu l'honneur de vous le dire, si par d'unanimes et constans verdicts d'acquittement, vous ne faites pas justice de cette inique prétention qui outrage également le bon sens et la loi, c'en est fait de la plus précieuse de nos libertés.

M. l'avocat-général n'ayant pas désiré répliquer, M. le président a fait le résumé des débats. Ce résumé aurait paru assez impartial, si M. Duboys n'avait pas cru devoir faire observer que le prévenu aurait pu se dispenser de discuter le point de droit que le jury n'était jamais appelé à juger. Nous demandons pardon à M. le président de n'être pas de son avis ; mais dans cette occurence le point de droit était tellement lié au point de fait, qu'il devenait impossible de discuter l'un sans aborder l'autre.

Après son résumé, M. le président a prévenu MM. les Jurés qu'avant de déclarer s'il
y avait ou non complicité, ils auraient à
prononcer sur l'existence des trois délits si-
gnalés dans l'ouvrage inculpé , et présentés
comme bases de l'accusation. Voilà ce qui
explique la longueur de la délibération du
jury qui, avant de répondre négativement à
toutes les questions relatives à la complicité de
l'imprimeur, a dû répondre aux questions
relatives à l'existence de chacun des délits.

M. A. Pihan de la Forest a été acquitté à
l'unanimité.

EXTRAIT
du Catalogue des Livres

QUI SE TROUVENT

CHEZ A. PIHAN DE LA FOREST,

IMPRIMEUR, RUE DES NOYERS, N° 37.

SOUSCRIPTION.

COURS D'HISTOIRE DES ÉTATS EUROPÉENS, depuis le bouleversement de l'empire romain d'Occident jusqu'en 1789 , 48 vol in-8°, y compris des tables des matières qui peuvent tenir lieu du dictionnaire historique le plus complet, par M. Schœll, conseiller intime du roi de Prusse, auteur de l'*Histoire des traités de paix*, etc.

Cette histoire est divisée en quatre grandes parties, dont chacune fait un corps d'ouvrage particulier, et se compose de 12 vol. avec la table des matières.

PREMIÈRE PARTIE. *Histoire complète de l'Europe au moyen âge, depuis 476 jusqu'en* 1453. Ces siècles comprennent l'origine de tous les Etats de l'Europe, grands et petits, ainsi que l'origine, les progrès et la décadence de la puissance pontificale.

DEUXIÈME PARTIE. *Histoire de l'Europe depuis 1453 jusqu'en* 1618. Epoque de l'origine et du perfectionnement des arts, de la renaissance des belles-lettres, de la découverte d'une nouvelle route aux Indes et d'un nouveau monde , qui causa une révolution dans la civilisation et le commerce; d'une révolution religieuse qui ébranla la plus grande partie de l'Europe. C'est encore l'époque où les sciences exactes , naturelles et historiques ont commencé à devenir vraiment des sciences ; c'est celle où les Etats modernes et nos législations ont revêtu définitivement leurs formes.

TROISIÈME PARTIE. *Histoire du dix-septième siècle , depuis 1618 jusqu'en* 1713, c'est-à-dire depuis la guerre de trente ans jusqu'à la paix d'Utrecht. C'est l'époque où la politique commence à jouer le rôle principal.

QUATRIÈME PARTIE. *Histoire du dix-huitième siècle depuis 1713 jusqu'en* 1789.

L'auteur a fondu dans ces deux dernières parties son *Histoire des traités de paix*, dont il a renoncé à donner une seconde édition, qui était toute préparée. On conçoit qu'en incorporant ce travail dans son *Cours d'histoire*, il a dû en changer l'ordonnance pour mettre chaque traité à la place qu'il doit occuper dans une histoire générale.

Le but de ce grand ouvrage est de fournir aux gens du monde qui veulent s'instruire, aux hommes en place qui désirent se rappeler leurs anciennes études, et aux jeunes gens qui se destinent à une carrière politique ou administrative, une lecture utile et agréable qui puisse leur tenir lieu d'une bibliothèque historique entière ou d'un repertoire complet d'histoire moderne, politique, civile et ecclésiastique. Pour atteindre ce but, il fallait n'omettre aucun fait, aucune date de l'histoire depuis 476 ayant quelqu'importance ; il fallait, dans le style, éviter d'un côté les longueurs, les declamations, les réflexions oiseuses, et de l'autre, une brièveté qui pouvait dégénérer en sécheresse et dégoûter le lecteur. La clarté, la précision, l'exactitude, sont des qualités dont M. Schœll s'est efforcé de faire preuve. Il s'est surtout attaché à faire connaître l'origine de toutes les institutions. Ami de la liberté qui, d'après sa conviction, ne peut exister que sous des lois sages, il signale tout acte arbitraire ou despotique, qu'il ait été commis sous un gouvernement monarchique, ou par les chefs d'une république, et il fait voir que le despotisme ne tient pas plus à une forme de gouvernement qu'à l'autre.

Les 33 premiers volumes sont en vente.

NOUVELLES PUBLICATIONS.

ESSAIS DE PHILOSOPHIE, DE POLITIQUE ET DE LITTÉRATURE, par Frédéric **ANCILLON**, de l'Académie royale des sciences et belles-lettres de Prusse (actuellement ministre des Affaires Étrangères à Berlin). 4 vol. in-8º. Paris, 1831. Prix 24 fr.

(Une NOTICE sur cet ouvrage se distribue *gratis.*)

NOUVEAU TRAITÉ THÉORIQUE ET PRATIQUE SUR LES SEMIS ET LES PLANTATIONS DES ARBRES, *suivi d'une Notice sur les Moyens de prévenir la dégénération des arbres fruitiers, et de créer de nouvelles variétés et des hybrides ou mulets ;* par **J. N. LARDIER,** de l'Académie de Marseille, et de plusieurs Sociétés d'Agriculture. Un vol. in-8º, avec couverture imprimée. 5 fr. et 6, 50 cent. par la poste.

DE LA VENDÉE EN 1832, par M. le vicomte **DE LEZARDIERE,** ancien député. 1 fr. 50 c.

CATALOGUE DES POINÇONS, COINS ET MÉDAILLES DU **MUSÉE MONÉTAIRE** *de la Commission des Monnaies et Médailles.* 1 vol. in-8º de 562 pages, avec couverture imprimée. 5 fr.

DE LA CAPTIVITÉ DE MADAME LA DUCHESSE DE BERRY. 1 vol. in-8º de 280 pages, avec couverture imprimée. 5 fr.

(3)

DES TROIS SYSTÊMES DE GOUVERNEMENT, *de la Souveraineté du Peuple, de la Quasi-Légitimité et de la Légitimité; par* le baron Eugène DE **BRAY**. Brochure in-8° de 163 pages, avec couverture imprimée.

———————

LYCÉE, ou *Cours de Littérature ancienne et moderne*, par **J. F. LA HARPE**; précédé d'une notice sur sa vie et ses ouvrages, par M. **SAINT-SURIN**. Nouvelle édition, imprimée sur papier superfin des Vosges. 16 vol. in-8°, avec un beau portrait, gravé sur acier, par Hopwood, au lieu de 80................................. 48 fr.

VOYAGE DE S. A. R. MADAME, DUCHESSE DE BERRY, AU BERCEAU DE HENRI IV, avec *une Liste alphabétique de toutes les Personnes nommées dans cet ouvrage et des Souscripteurs*, honoré de la Souscription de S. A. R. MADAME; par **A. PIHAN DELAFOREST**, Élève de l'École Normale, ancien Professeur de Rhétorique. Un volume in 8° de 700 pages, avec couverture imprimée, 8 fr.

VOYAGE DU ROI A SAINT-OMER, suivi de la Relation de ce qui s'est passé au CAMP DE COMPIÈGNE EN 1698, et d'une Liste Alphabétique de toutes les Personnes qui sont nommées dans cet Ouvrage; par **A. PIHAN DELAFOREST**, Élève de l'École Normale, ancien Professeur de Rhétorique. Seconde édition, revue, corrigée et augmentée. Un vol. in-8° de 500 pages. Prix : 6 fr.; 7 fr. 50 cent. par la poste.

PREMIER VOYAGE DE S. A. R. MADAME LA DUCHESSE DE BERRY EN NORMANDIE 1824, suivi d'une Liste Alphabétique de toutes les Personnes qui sont nommées dans cet Ouvrage. Par **A. PIHAN DELAFOREST**. Un vol. in-8° de 230 pages, avec couverture imprimée. 3 fr. 50 c., et 4 fr. 50 c. par la poste.

NOTICE SUR LE MONUMENT DE QUIBERON, suivi de la Liste authentique des noms des victimes inscrits sur le mausolée; par **A. PIHAN DELAFOREST**. In-8°, avec couverture imprimée. Prix : 1 fr. 50 cent. et 2 fr. par la poste; papier vélin, 3 fr.

INTRODUCTION A LA VIE DÉVOTE, par saint François de Sales, évêque de Genève; nouvelle édition, augmentée d'une Notice historique et bibliographique, par **A. PIHAN DELAFOREST**, et d'un Vocabulaire des mots qui ont vieilli. Un vol. in-18 , avec gravure , papier superfin , 3 fr.

LA COLLÉGIADE , ou la Guerre de Villethierry, poème héroï-comique en six chants, dédié aux Ecoliers ; par **N. S. B....** ancien Elève de l'Ecole Normale ; précédée d'une Notice sur Villethierry par M. l'abbé BÉRAUD. Seconde édition, revue, corrigée et augmentée. Un vol. in-18, avec une jolie gravure et une couverture imprimée. 3 fr. et 3 fr. 60 cent. par la poste.

GRAMMAIRE GÉNÉRALE ET PHILOSOPHIQUE, précédée d'un Coup-d'œil sur la nature et le mécanisme des langues, par M. le Comte **E. DE MONTLIVAULT,** ancien capitaine des vaisseaux du Roi, avec cette épigraphe : « Le langage exige trois efforts, 1º le rete- « tenir, 2º l'appliquer à la pensée, 3º l'analyser. Les animaux s'arrêtent « au premier, le vulgaire au second..... (Rivarol, inédit.) » 1 vol. in-8º, 5 fr.

DE LA NATATION , etc., par M. le vicomte de **COURTIVRON** , chef de bataillon, avec cette épigraphe tirée de Montaigne: « La science « de nager est toujours agréable ; elle est très utile en bien des occa- « sions, elle l'est surtout à la guerre. » Seconde édition, augmentée d'une Préface et ornée de lithographies. 4 fr.

CONSIDÉRATIONS SUR L'ORIGINE , LA RÉDACTION , LA PROMULGATION ET L'EXÉCUTION DE LA CHARTE. Par M. **CLAUSEL DE COUSSERGUES,** *Conseiller à la Cour de Cassation* , l'un des Membres de la Commission formée par S. M. LOUIS XVIII dans le sein du Sénat et du Corps-Législatif , pour travailler à la rédaction de la Charte. Un volume in-8º de 500 pages, avec couverture imprimée. 7 fr., et 8 fr. 50 c. par la poste.

HISTOIRE ABRÉGÉE ET CHRONOLOGIQUE *du rétablissement des gouvernemens renversés par des sujets révoltés ou par des usurpateurs.* In-8º. 1 fr. 50 c.

DE LA PATRIE , avec cette épigraphe: *Civitas non est in parietibus, est in aris et focis* (Cic.) 2 fr. 50 c.

DES DANGERS DE L'IMPUNITÉ, in-8º. 1 fr. 50 c.

PROPRIÉTÉS RELIGIEUSES INVIOLABLES ET SACRÉES dans tous les temps , chez tous les peuples, dans toutes les religions, etc. In-8º , 1 fr.

9 782329 047171